THE BROONS

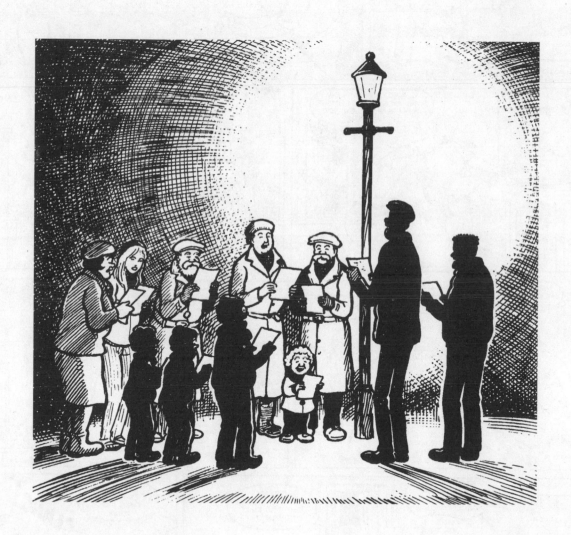

HOW MONY TROUBLES DAE YE THINK, ARE STARTED AT THE KITCHEN SINK?

THE PRICE O' CHRISTMAS TREES IS STEEP,
SO PAW SETS OOT TAE GET ANE CHEAP.

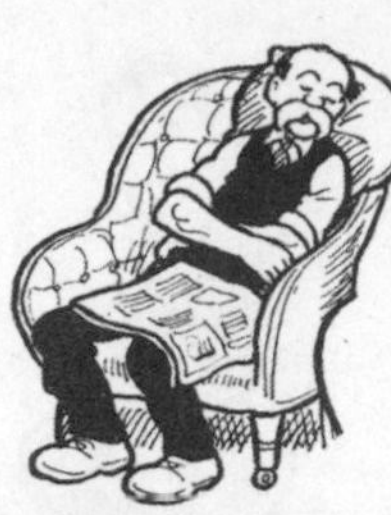

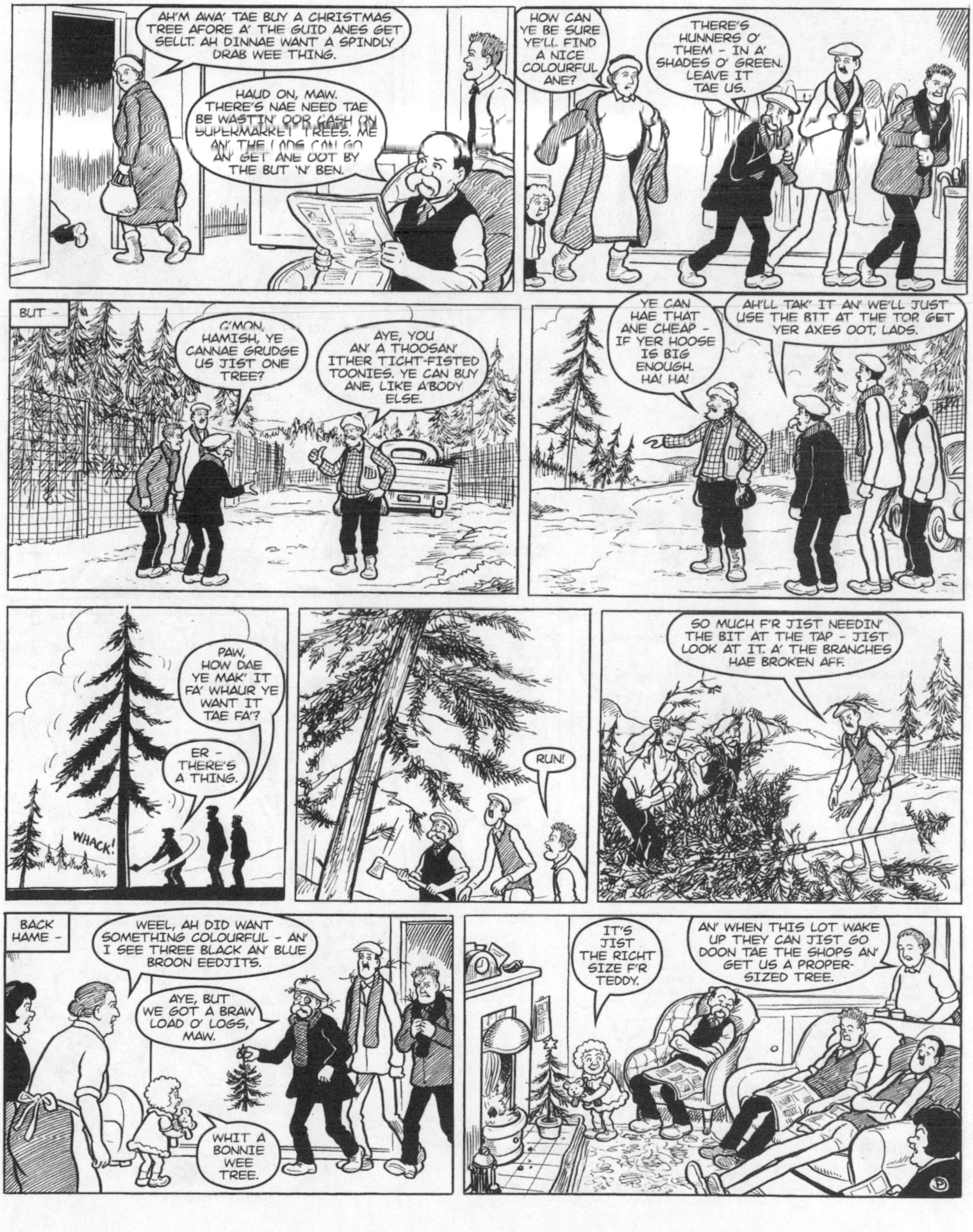
AH'M AWA' TAE BUY A CHRISTMAS TREE AFORE A' THE GUID ANES GET SELLT. AH DINNAE WANT A SPINDLY DRAB WEE THING.
HAUD ON, MAW. THERE'S NAE NEED TAE BE WASTIN' OOR CASH ON SUPERMARKET TREES. ME AN' THE LADS CAN GO AN' GET ANE OOT BY THE BUT 'N' BEN.
HOW CAN YE BE SURE YE'LL FIND A NICE COLOURFUL ANE?
THERE'S HUNNERS O' THEM – IN A' SHADES O' GREEN. LEAVE IT TAE US.
BUT –
C'MON, HAMISH, YE CANNAE GRUDGE US JIST ONE TREE?
AYE, YOU AN' A THOOSAN' ITHER TICHT-FISTED TOONIES. YE CAN BUY ANE, LIKE A'BODY ELSE.
YE CAN HAE THAT ANE CHEAP – IF YER HOOSE IS BIG ENOUGH. HA! HA!
AH'LL TAK' IT AN' WE'LL JUST USE THE BIT AT THE TOP. GET YER AXES OOT, LADS.
PAW, HOW DAE YE MAK' IT FA' WHAUR YE WANT IT TAE FA'?
ER – THERE'S A THING.
WHACK!
RUN!
SO MUCH F'R JIST NEEDIN' THE BIT AT THE TAP – JIST LOOK AT IT. A' THE BRANCHES HAE BROKEN AFF.
BACK HAME –
WEEL, AH DID WANT SOMETHING COLOURFUL – AN' I SEE THREE BLACK AN' BLUE BROON EEDJITS.
AYE, BUT WE GOT A BRAW LOAD O' LOGS, MAW.
WHIT A BONNIE WEE TREE.
IT'S JIST THE RICHT SIZE F'R TEDDY.
AN' WHEN THIS LOT WAKE UP THEY CAN JIST GO DOON TAE THE SHOPS AN' GET US A PROPER-SIZED TREE.

IT'S PAW BROON'S DAFTEST NEW YEAR PLAN, AN' WHIT ELSE WILL THE AULD FOOL BAN?

NAE WONDER DAPHNE'S IN DESPAIR,
HER FANCY FROCK WILL FIT NAE MAIR.

THE BURNS NIGHT'S FILLED WI' HEARTY BANTER,
SONGS AND POEMS – LIKE TAM O' SHANTER.

GLEBE STREET'S NO' WHAUR PAW WID CHOOSE,
TAE BANISH A' THAE NEW YEAR BLUES.

PAW BROON THINKS HE'S FOUND A WAY,
TAE SAVE ON ELECTRICITY.

JOE KENS IT ISNAE ALWAYS GRAND,
TAE LET THE FAMILY LEND A HAND.

GETTIN' WASHED AN' SMELLIN' NICE, THE LADS CAN MANAGE IN A TRICE.

THE LAD THAT MAGGIE THOUCHT WIS BRAW,
MICHT NO' BE PERFECT EFTER A'.

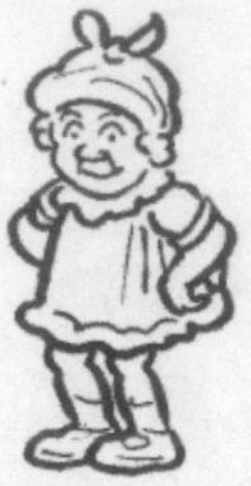

SPRING CLEANIN' TIME AT NUMBER 10, IS JIST A WASH-OOT FOR THE MEN.

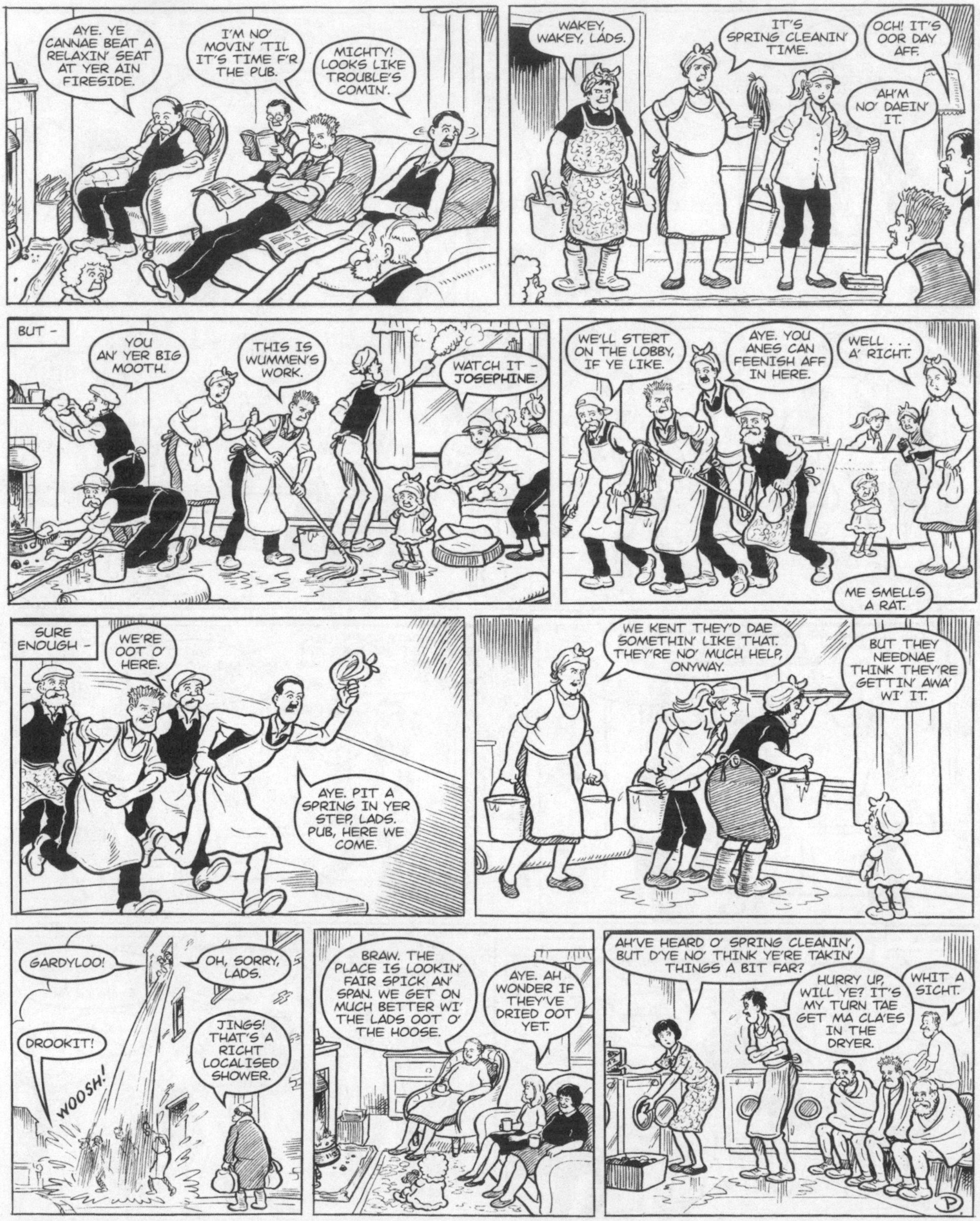
AYE. YE CANNAE BEAT A RELAXIN' SEAT AT YER AIN FIRESIDE.
I'M NO' MOVIN' 'TIL IT'S TIME F'R THE PUB.
MICHTY! LOOKS LIKE TROUBLE'S COMIN'.
WAKEY, WAKEY, LADS.
IT'S SPRING CLEANIN' TIME.
OCH! IT'S OOR DAY AFF.
AH'M NO' DAEIN' IT.
BUT –
YOU AN' YER BIG MOOTH.
THIS IS WUMMEN'S WORK.
WATCH IT – JOSEPHINE.
WE'LL STERT ON THE LOBBY, IF YE LIKE.
AYE. YOU ANES CAN FEENISH AFF IN HERE.
WELL . . . A' RICHT.
ME SMELLS A RAT.
SURE ENOUGH –
WE'RE OOT O' HERE.
AYE. PIT A SPRING IN YER STEP, LADS. PUB, HERE WE COME.
WE KENT THEY'D DAE SOMETHIN' LIKE THAT. THEY'RE NO' MUCH HELP, ONYWAY.
BUT THEY NEEDNAE THINK THEY'RE GETTIN' AWA' WI' IT.
GARDYLOO!
OH, SORRY, LADS.
DROOKIT!
JINGS! THAT'S A RICHT LOCALISED SHOWER.
WOOSH!
BRAW. THE PLACE IS LOOKIN' FAIR SPICK AN' SPAN. WE GET ON MUCH BETTER WI' THE LADS OOT O' THE HOOSE.
AYE. AH WONDER IF THEY'VE DRIED OOT YET.
AH'VE HEARD O' SPRING CLEANIN', BUT D'YE NO' THINK YE'RE TAKIN' THINGS A BIT FAR?
HURRY UP, WILL YE? IT'S MY TURN TAE GET MA CLA'ES IN THE DRYER.
WHIT A SICHT.

PAW'S CONVINCED THE HOOSE COULD HAE,
SOME PROBLEMS WI' SECURITY.

IN THE COUNTRY, OR THE TOON,
THIS FAMILY'S EGGS ARE ALWAYS 'BROON'.

AT THE BUT 'N' BEN –

A'BODY NEAR READY? WE'LL GET AWA' TAE THE BRAE TAE ROLL OOR EGGS.

BROON EGGS, O' COURSE.

BRAW!

OCH, THERE'S NAE RUSH. WE HAE TAE MAK' SURE THE EGGS ARE RICHT HARD-BILED.

AYE. AN' THEN WE CAN PENT FACES ON THEM.

RICHT. A'BODY GET BUSY. THERE'S ANE SPARE IN CASE ONYBODY MAK'S A MESS O' THEIRS.

AND –

WE'VE PENTED OORSEL'S. IT'S A BETTER LINE-UP THAN THE SCOTTISH FITBA' TEAM.

NOW THEY'RE REAL BROON EGGS.

AYE. AN' WE'VE GOT OOR WULLIE ON THE END, AS OOR MASCOT. HE'S SITTIN' ON HIS BUCKET.

DOON THE HILL AN' TRY TAE CRACK THE EGGSHELLS. THAT'S THE TICKET.

ME'S GONNAE EAT OOR WULLIE.

BUT –

JINGS. THAT'S NEVER HAPPENED AFORE.

THEY WERE JIST GOIN' A BIT OWER FAST. BUT DINNAE WORRY. GET A ROPE.

PLOP! PLOP! PLOP! PLOP! PLOP!

EASY NOW. LOWER AWA'. HE'S JIST ABOOT GOT THEM.

ONYBODY FOR SOME CHOCOLATE EGGS OR A HOT CROSS BUN?

HAUD ME BACK.

I'LL HAE TWA.

SPLASH

CHOCOLATE!

WID YE BELIEVE IT? NO' A SINGLE ANE WAS BROKEN.

HA! HA! LOOK AT THAT! THE EGGS HAE BEEN RESCUED – BY A 'HEN'!

WE CANNAE EAT THEM EFTER A' THAT.

OCH, PAW. WE'RE CERTAINLY THE LUCKY ANES, WI' OOR 'EGGSTENDED' BROOD.

A BARD COULD WRITE A BONNIE SONNET, ABOOT PAW'S BRAND SPANKIN' NEW BONNET.

DISASTER IS THE AFTERMATH,
FOR GRANPAW WHEN HE TAK'S A BATH.

IT'S TIME WE HAD A NEW BATH. THE ENAMEL'S FLAKIN' AFF THIS ANTIQUE.

DINNAE BE DAFT. YE CANNAE GET QUALITY LIKE THIS NOWADAYS. AH'LL RESTORE IT MASEL'.

LATER —

THAT'S IT AS GUID AS NEW. DO AH EVER LET YE DOON?

AH'LL NO' ANSWER THAT.

GUID. NAEBODY'S LOOKIN'. AH'LL SNEAK A NICE WARM BATH.

BUT —

WEEL, THERE'S NUTHIN' ELSE F'R IT. IT'LL HAE TAE COME OOT.

AH KENT THIS WID HAPPEN. HE'S STUCK FAST. WE'LL HAE TAE DISCONNECT THE PIPES.

AH USED A TIN O' THE BEST ENAMEL TAE. YE'VE RUINED IT, GRANPAW.

HOW WAS AH TAE KEN YE'D JIST PENTED IT? THERE WAS NAE 'WET PENT' SIGN ONYWHERE.

WE'LL TAK' YE TAE THE FIRE BRIGADE. THEY'LL GET YE UNSTUCK.

JINGS. IT'S SLIPPED.

HELP MA BOAB.

CRASH!

MICHTY ME! GRANPAW BROON. WHERE ARE YER CLATHES? HAE YE NAE SHAME?

MORNIN', MISSUS GOW. BRAW DAY, IS IT NO'?

LATER —

YE DINNAE HAE ANITHER BATH IN STOCK? HOW LANG 'TIL DELIVERY? TWA WEEKS?

HOW ARE WE GOIN' TAE MANAGE F'R BATHS NOW?

ACH, YE CAN BORROW MINE.

SO —

THIS IS BRAW. JIST LIKE BEIN' A BAIRN AGAIN.

AH'M NEXT.

YE'LL NO' CATCH ME IN THON ANTIQUE.

O' A' THINGS SCOTTISH PAW IS PROUD,
HE SINGS ITS PRAISES LONG AND LOUD.

POACHED, BILED OR FRIED, THE BEST WAY YET,
IS PAW BROON'S INSTANT OMELETTE.

HERE YE ARE, MISSUS BROON. A PUCKLE O' DOZEN FRESH EGGS. I WIS JIST PASSIN' YER DOOR.

THAT'S GUID O' YE, FERMER GREY. WE MISS THE FRESH EGGS WE GET AT THE BUT 'N' BEN.

FERMER GREY'S EGGS ARE THE BEST. YE CAN TASTE THE COUNTRYSIDE IN THEM.

BRAW. JIST THE JOB F'R OOR TEA THE NICHT.

LATER — AH'VE BEEN LOOKIN' FORWARD TAE GETTIN' THE WECHT AFF MA FEET A' DAY.

WHIT?

MICHTY! THAT WIS A NEAR THING.

AAAAGH! WHIT DID YE DAE THAT F'R, YE BIG GALOOT?

YE JIST ABOOT SAT DOON ON THE EGGS, PAW. FERMER GREY'S JIST BROCHT THEM FRAE HIS PLACE NEAR THE BUT 'N' BEN.

WHIT ABOOT MY BUT 'N' BEN? IT'S AWFY SAIR!

AH'LL PIT THEM IN THE KITCHEN WHAUR THEY SHOULD'VE GONE IN THE FIRST PLACE.

RICHT. WHAUR ARE THAE EGGS? AH FANCY A FRY-UP.

WATCH OOT! CRIVVENS!

MICHTY!

WEEL, IT'LL BE SCRAMBLED EGGS F'R TEA THE NICHT — AN' F'R THE REST O' THE WEEK.

THE YOLK'S ON YOU, PAW — AN' THAT'S NO' A JOKE.

IT'S NAE LAUGHIN' MATTER, ONYWAY. PIT ME DOON.

LATER —

HAE YE TRIED ONY O' THE EGGS AH HANDED IN EARLIER, BROON?

AYE. AH'VE HAD ABOOT THIRTY-SIX. THEY GAVE ME A SAIR BACKSIDE AN' AH NEARLY LOST MA TEETH AS WEEL.

NAE WONDER THE AULD FOOL WIS ILL. IMAGINE STUFFIN' YERSEL' WI' THREE DOZEN EGGS.

FUME!

AS PLUMBERS GO PAW'S A RICHT DUD,
HIS EFFORTS AYE END WI' A FLOOD.

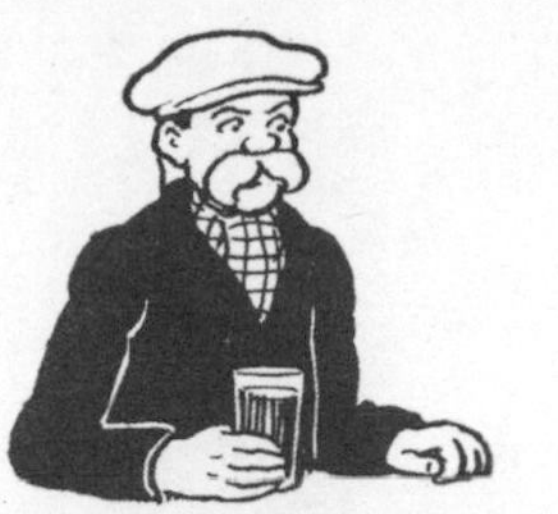

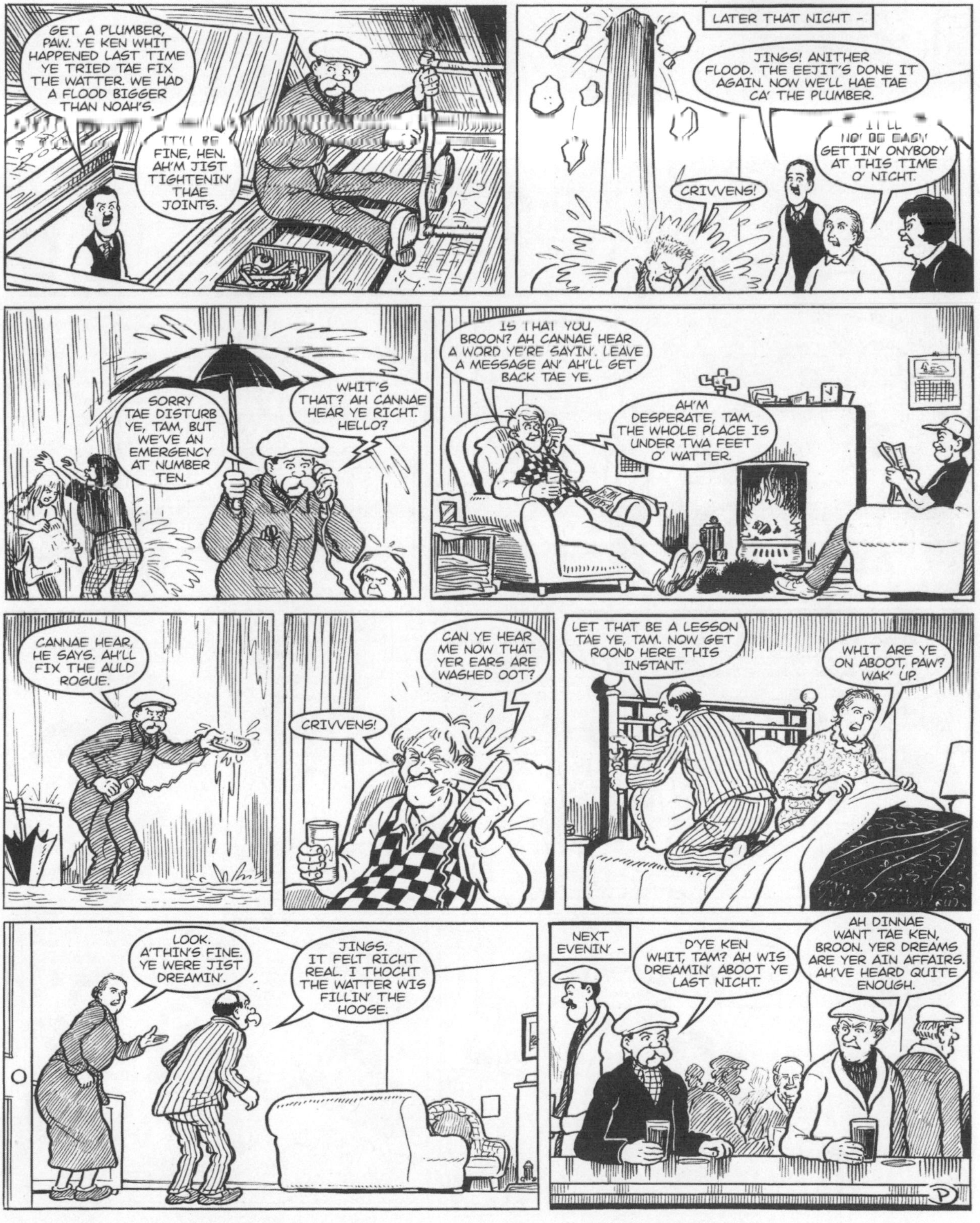

GET A PLUMBER, PAW. YE KEN WHIT HAPPENED LAST TIME YE TRIED TAE FIX THE WATTER. WE HAD A FLOOD BIGGER THAN NOAH'S.
IT'LL BE FINE, HEN. AH'M JIST TIGHTENIN' THAE JOINTS.
LATER THAT NICHT –
JINGS! ANITHER FLOOD. THE EEJIT'S DONE IT AGAIN. NOW WE'LL HAE TAE CA' THE PLUMBER.
GETTIN' ONYBODY AT THIS TIME O' NICHT.
CRIVVENS!
SORRY TAE DISTURB YE, TAM, BUT WE'VE AN EMERGENCY AT NUMBER TEN.
WHIT'S THAT? AH CANNAE HEAR YE RICHT. HELLO?
IS THAT YOU, BROON? AH CANNAE HEAR A WORD YE'RE SAYIN'. LEAVE A MESSAGE AN' AH'LL GET BACK TAE YE.
AH'M DESPERATE, TAM. THE WHOLE PLACE IS UNDER TWA FEET O' WATTER.
CANNAE HEAR, HE SAYS. AH'LL FIX THE AULD ROGUE.
CAN YE HEAR ME NOW THAT YER EARS ARE WASHED OOT?
CRIVVENS!
LET THAT BE A LESSON TAE YE, TAM. NOW GET ROOND HERE THIS INSTANT.
WHIT ARE YE ON ABOOT, PAW? WAK' UP.
LOOK. A'THIN'S FINE. YE WERE JIST DREAMIN'.
JINGS. IT FELT RICHT REAL. I THOCHT THE WATTER WIS FILLIN' THE HOOSE.
NEXT EVENIN' –
D'YE KEN WHIT, TAM? AH WIS DREAMIN' ABOOT YE LAST NICHT.
AH DINNAE WANT TAE KEN, BROON. YER DREAMS ARE YER AIN AFFAIRS. AH'VE HEARD QUITE ENOUGH.

THE YOUNG ANES CLEARLY CANNAE SEE,
JIST WHIT THE FLOOER POT USED TAE BE.

CRIVVENS. THAT'S A GEY FUNNY LOOKIN' FLOOER POT. WHAUR DID IT COME FRAE?

IT'S AN AULD CHANTY – A POTTY. A'BODY USED TAE KEEP ANE UNDER THE BED.

UNDER THE BED? WHIT WIS IT KEPT THERE F'R?

MICHTY, DAE YOU LADS KEN NUTHIN'? IT WIS IN CASE YE WERE CAUGHT SHORT DURIN' THE NICHT. IT WIS HANDY F'R A QUICK . . .

. . . ER, F'R A QUICK ABERNETHY BISCUIT. AYE THAT'S IT. IT WIS A KIND O' BISCUIT BARREL – IN CASE YE WERE PECKISH DURIN' THE NICHT.

SO WHY'S IT GOT A HALF-DEID FLOOER IN IT?

STARE

BECAUSE FOWK DINNAE USE POTTIES ONY MAIR. BUT AH'LL AWA' AN THROW THE PLANT OOT. IT'S WEEL PAST ITS BEST.

WHIT A LAUGH WE HAD THE DAY. THE KIDS DIDNAE KEN WHIT A POTTY WIS USED F'R. AH TELT THEM IT WIS A KIND O' BISCUIT BARREL. OCH, DAE YE MIND THE NICHT YER GRANNY HAD BEEN ON THE ELDERBERRY WINE AND . . .

WHEESSSHHT! THE BAIRNS'LL HEAR YE.

THIS IS BRAW SOUP. THE BAIRNS HELPED ME MAK' IT THIS MORNIN'.

WHIT KIND IS IT?

IT'S 'P' SOUP. ONYBODY WANT MAIR?

WE'VE GOT A WHOLE POTTY FU' O' IT.

SUDDENLY AH'M NO' HUNGRY.

ME NEITHER.

WHIT'S WRONG WI' YE A'? WE WASHED THE EARTH OOT O' IT, AN' ME THINKS IT'S A BONNIE SOUP POTTY.

AYE. IT CERTAINLY TAK'S THE BISCUIT.

JIST HOW EASY CAN IT BE, TAE GET A CAT DOON FRAE A TREE?

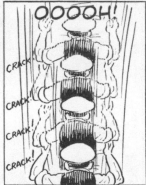

WI' SEAT UP HIGH, OR SEAT DOON LOW,
HEN'S OOT TAE GIE THE RACE A GO.

AYE, EVEN WHEN THE CHIPS ARE DOON,
IT'S AWFY HARD TAE BEAT A BROON.

THE FAMILY'S HEADIN' FOR A SHOCK, WHEN ON THEIR HEALTHY COUNTRY WALK.

IT'S JIST ABOOT BEYOND BELIEF,
HAS GLEBE STREET GOT A FALSE TEETH THIEF?

MICHTY, YE LOOK AWFY HAPPY THE DAY, PAW. WHIT'S UP? WON THE LOTTERY? HA! HA!

I'VE SEEN FOWK LOOKIN' CHEERIER GOING TAE THE DENTIST.

AH DINNAE NEED DENTISHTSH COS AH'VE NAE TEESH – AN' AH'VE LOSHT MA FALSHERS. SHEE? IT'SH NO' FUNNY.

HERE'S MY AULD SPARE SET, LADDIE. YE CAN USE THEM UNTIL YE FIND YER AIN.

JINGS! WHIT CUDDY DID YE GET THEM AFF?

DINNAE BE CHEEKY. AH DIDNAE GET THEM AFF A CUDDY, AH GOT THEM AFF A LAD AT THE END O' THE WAR.

AYE, THE FIRST WAR BY THE LOOK O' THEM.

TALKIN' O' TEETH. WHA TELT THE BAIRN THAT THE TOOTH FAIRY LEAVES A POUND A TOOTH UNDER YER PILLOW? WHAEVER IT WIS CAN STUMP UP.

WHIT?

IT MICHT HAE BEEN ME. MEBBE AH SAID . . .

YOU AN' YER BIG MOOTH. IT'S A WONDER YER TEETH MANAGE TO STAY IN AT A'. WEEL, WE KEN WHAUR MA FALSE TEETH HAE GONE NOW. AN' IT'LL COST YE – SO GET YER WALLET OOT!

BUT AH'M AN AULD AGE PENSIONER.

AYE, HERE THEY ARE.

WHEESHT! DINNAE WAK'EN HER.

INCLUDIN' THE BAIRN'S AIN WEE TOOTH, IT COMES TAE TWENTY-FIVE POUNDS. AN' YE C'N GO HALFERS – OR AH'LL TELL THE BAIRN NO' TAE BELIEVE ONYTHIN' EITHER O' YE SAYS EVER AGAIN.

MICHTY!

NEXT MORNIN' –

LOOK! LOOK! THE TOOTH FAIRY'S BEEN AN' ME'S GOT LOTS O' PENNIES. AH WONDER WHIT SHE LOOKS LIKE.

AH THINK THERE'S LIKELY TWA O' THEM, PET. AN' THEY PROBABLY DINNAE LOOK OWER HAPPY. HA! HA! HA!

TAE PAW SOME PETS ARE JIST A BIND,
LIKE CREATURES O' HIS FELINE KIND.

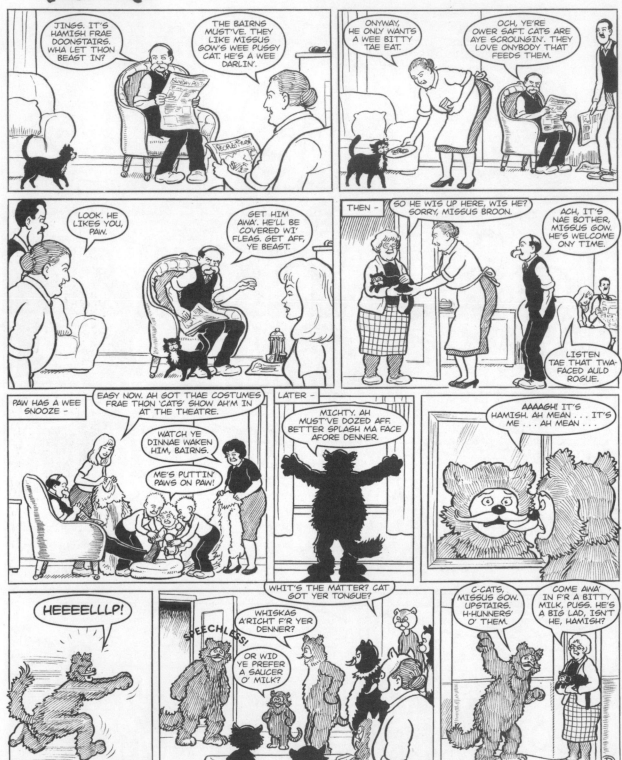

PAW'S AYE GOT LOADS O' MOANS AN' GROANS, ABOOT THE NOISE O' MOBILE PHONES.

IT MICHT BE BEST IF HORACE CHOSE,
TAE GIE UP VERSE – AND STICK TAE PROSE.

A SUNDAY MORNIN' TREAT FOR MAW,
IS BREAKFAST – MADE AND SERVED BY PAW.

A WEE BIT ON THE GARDEN'S EDGE, HAS BEEN MARKED DOON FOR PLANTIN' VEG.

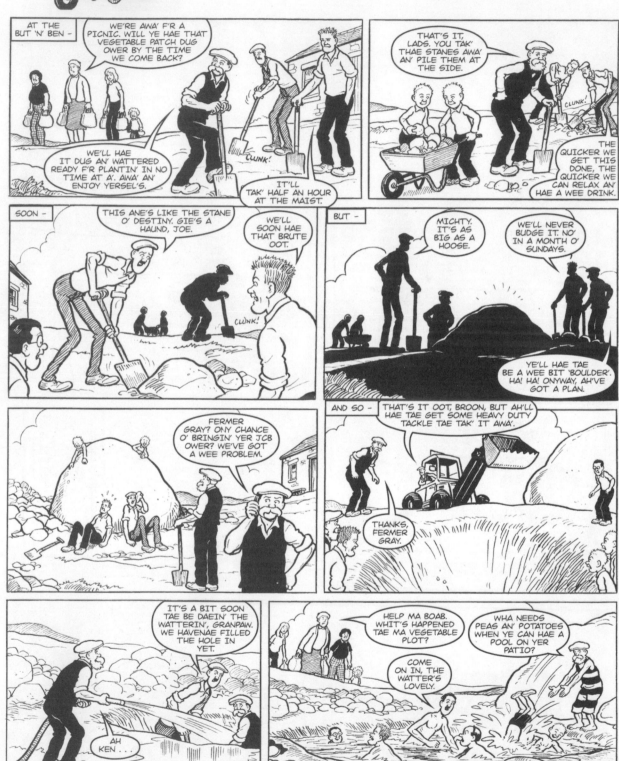

THE FAMILY'S SURE THAT GRANPAW CANNAE
FIX THE CHIMNEY'S BROKEN GRANNIE.

WHEN RAIN IS POURIN' FRAE THE SKY,
PAW BROON'S IN'TENT' ON KEEPIN' DRY.

FOR MAW IT'S NUTHIN' BUT A PAIN,
TAE DAE THE SHOPPIN' ON HER AIN.

MAW'S NO' RAISING ONY BANNERS,
CELEBRATIN' FAMILY MANNERS.

WHEN SOME HOME-MADE WINE IS PLANNED,
THESE MEN ARE KEEN TAE LEND A HAND.

THIS TAXI LARK IS JIST NAE JOKE,
AN' JOE BROON'S NEARLY STONEY-BROKE.

THE EXTRAS FOR MAW'S SHOPPIN' LIST,
ARE JIST THE KIND THAT MICHT BE MISSED.

A FASTER WAY TAE TATTIE HOWK, IS GRANPAW'S PLAN, THE DAFT AULD GOWK.

AT THE BUT AN' BEN —

ISN'T THAT BONNIE? JIST LIKE THE FIELDS THEY TALKED ABOOT IN THON PLAY, SUNSET SONG.

MIND WHEN WE USED TAE GO TATTIE PICKIN'? NOW IT'S A' DONE WI' MACHINES. FERMIN'S NO' THE SAME. NO' LIKE IT WIS IN SUNSET SONG.

BUT —

CHEER UP. YE CAN A' RELIVE THE GUID AULD DAYS BY HELPIN' ME LIFT THE SPUDS FRAE MA GAIRDEN PATCH. AH'VE BORROWED FERMER GRAY'S TRACTOR.

NEW TATTIES! HAUD ME BACK. YE CANNAE BEAT 'EM.

COME ON, GRANPAW. GET A MOVE ON.

AH'M JIST ADJUSTIN' THE THINGUMMYJIG. IT HOWKS THE TATTIES OOT O' THE GROUND.

THIS IS BRAW.

A'BODY READY? HERE WE GO.

BUT —

HELP MA BOAB. YE'VE SET THE DIGGER OWER FAST, YE AULD FOOL.

MICHTY!

ONE FLEW PAST ME AT A HUNNER MILES AN HOUR.

ME LIKES FRYIN' TATTIES BETTER THAN FLYIN' TATTIES.

DAPHNE'S CAUGHT ANE IN HER MOOTH!

WELL EFTER SUNSET —

JINGS! IT'S MAIR LIKE TATTIE HUNTIN' THAN TATTIE HOWKIN'. THEY'RE SCATTERED A' OWER THE PLACE.

HERE'S ANE — AN' THERE'S MAIR UP THON TREE.

STILL, YE CANNAE BEAT NEW SPUDS WI' A DAUD O' BUTTER AT ONY TIME O' THE DAY — OR NICHT.

AYE, OOR DENNER'S NO' SO MUCH A SUNSET SONG AS A MIDNICHT LULLABY. BUT IT'S TASTY A' THE SAME. MAIR TATTIES, ONYBODY?

PAW SHOULD'VE KNOWN HE COULDNAE WIN,
THAT D-I-Y WID DAE HIM IN.

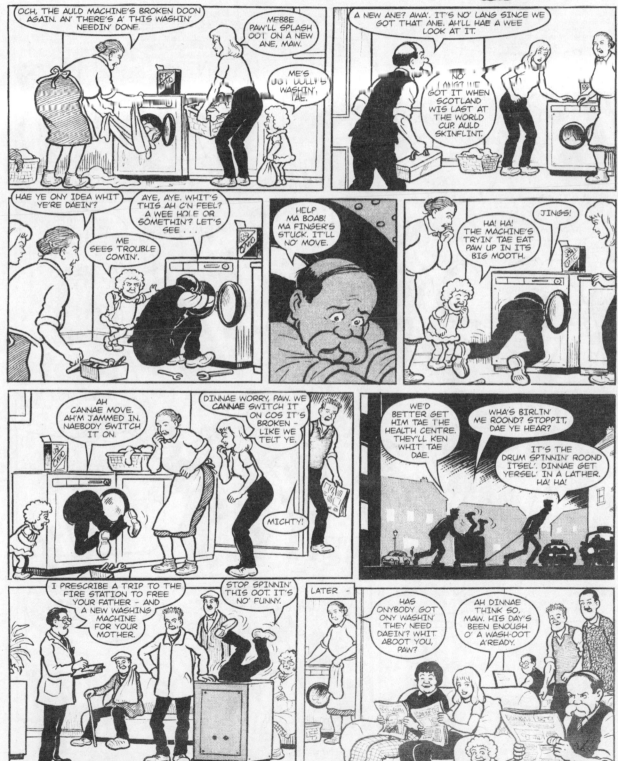

WHIT'S GOIN' ON IS HARD TAE TELL,
COS NAEBODY IS QUITE THEMSEL'.

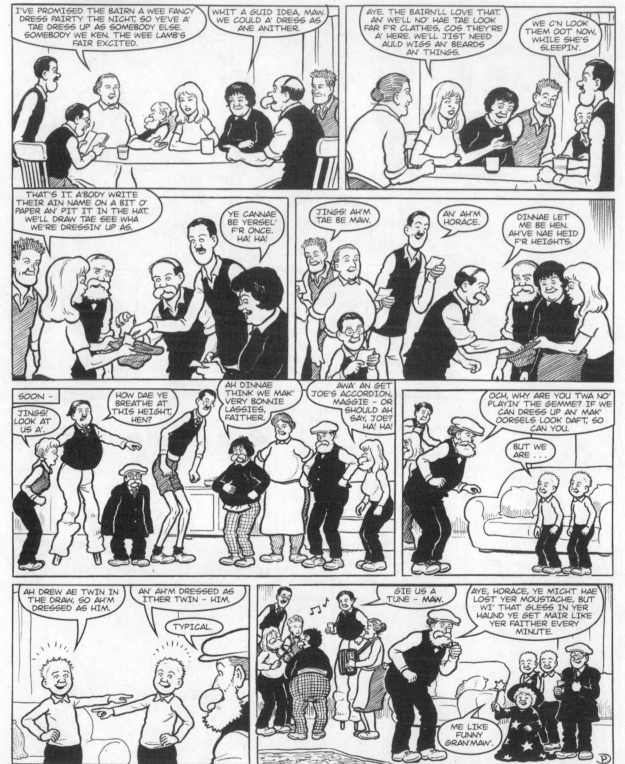

THE SITUATION'S PRETTY AWFY,
THE MEN JIST CANNAE COOK FOR TOFFEE.

JOE'S FINGERS TAK' AN AWFY BLOW,
AND HE MICHT MISS THE AULD FOWKS' SHOW.

PAW'S NO' THAT KEEN ON BANKS, INSTEAD
HE'LL STASH HIS CASH BELOW THE BED.

IT'S BRAW FOR AULDER LADS AN' LASSIES,
THEY GET FREE TRAVEL WI' BUS PASSES.

AT CHRISTMAS HEN'S A PERFECT STAR –
THE HANDIEST O' THE BROONS BY FAR.

IT'S NO' TOO LANG AFORE PAW'LL SEE,
HOW USEFUL DUG-UP ROADS CAN BE.

WHEN CHRISTMAS SHOPPIN' IT WID SEEM, IT'S BEST TAE FACE IT AS A TEAM.

WI A' THE SNOW THAT'S ROOND ABOOT, THERE'LL NO' BE MONY FOWK GOIN' OOT.

THANKS TAE MAW'S GENEROSITY,
THE YOUNG ANES WILL GET OOT THE DAY.

A KNEES-UP IN THE BUT AN' BEN,
IS NO' MUCH GUID, BECAUSE O' HEN.

AT THE BUT AN' BEN –

IS THIS NO' BRAW? WHIT WID WE DAE WI'OOT OOR WEE HOOSE IN THE COUNTRY?

AH'M LOOKIN' FOR A QUIET WEEKEND. AH HOPE WE'RE NO' SWAMPED WI' VISITORS LIKE WE WERE AT THE NEW YEAR.

QUICK! PIT THE FIRE ON, AN' GET THE PLACE WARMED UP.

THIS IS GREAT FOR THE BAIRNS. PLENTY O' SNOW AN' NAEBODY TAE SHARE IT WI'.

LATER –

LET'S MOVE THE FURNITURE OOT O' THE WAY AN' HAE A WEE DANCE.

GUID IDEA, HEN. WHIT D'YE FANCY? A STRIP THE WILLOW OR AN EIGHTSOME REEL?

MICHTY! THERE'S HARDLY ENOUGH ROOM TAE SWING A CAT, NEVER MIND HAE A DANCE.

IT WID HELP IF YE HAD SHORTER LEGS, HEN.

HAUD ON. AH KEN WHIT WE CAN DAE.

AH'LL FLATTEN OOT THIS BITTY GROUND TAE MAK' A DANCE FLAIR. THERE'LL BE PLENTY O' ROOM – EVEN FOR HEN.

GRANPAW'S NO' DAFT.

WEEL DONE, GRANPAW. THIS IS THE FASTEST STRIP THE WILLOW AH'VE DONE FOR A LANG TIME.

AYE, AN' THE 'FLAIR' REMINDS ME O' THE PALAIS, WHEN THEY SPRINKLED THON STUFF TAE MAK' IT SLIPPY.

THAT WIS RARE. WE'D HAE RAISED THE ROOF – IF WE'D HAD ANE.

PECH!

HOW ABOOT A BROONS REEL NEXT?

PANT!

WE'VE NO' RAISED THE ROOF – BUT NEAR BROUGHT THE HOOSE DOON!

FLUMMP!

HA! HA! A BROONS REEL? IT'LL BE MAIR LIKE A DASHIN' WHITE SERGEANT! TAK' YER PARTNERS, FOLKS.

A CAR THAT'S SHINY, BIG AN' CLASSY, MICHT IMPRESS A BONNIE LASSIE.

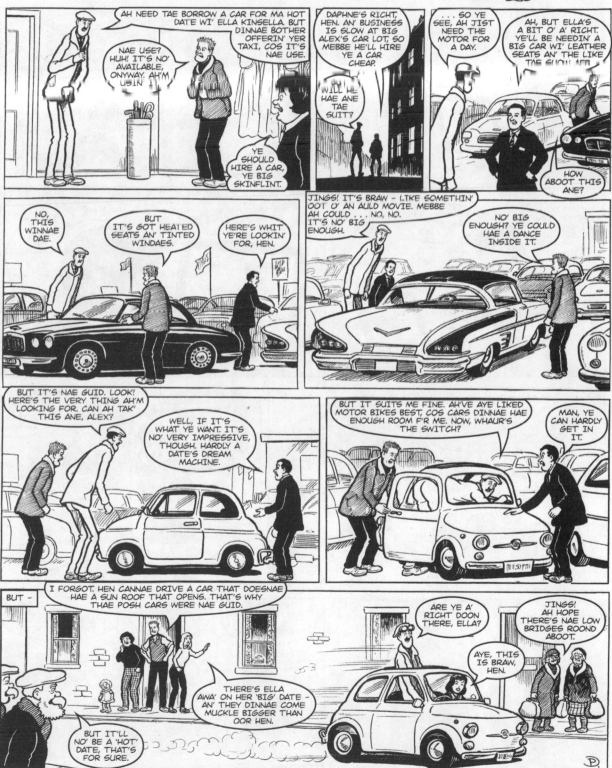

DAPHNE'S GOT THE PERFECT PLAN,
TAE FIND ONLINE HER IDEAL MAN.

YE CAN MEET SOME BRAW-LOOKIN' LADS WI' INTERNET DATIN', MAGGIE.

IT'S A WASTE O' TIME, DAPHNE. THE LADS NEVER LOOK LIKE THEIR PHOTIES.

AH'LL HAE A BASH ONYWAY. AH'M NAE OIL PAINTIN' BUT SOME LAD'LL BE TA'EN WI' MA PERSONALITY AN' INTERESTS.

YE MEAN YER INTERESTS IN FISH SUPPERS AN' KEBABS?

. . . AH'LL ADD A FLATTERIN' PHOTIE, THEN GO AN' HAE A SANDWICH WHILE THE REPLIES COME FLOODIN' IN.

YE THINK?

I DINNAE LIKE THIS. DAPHNE COULD END UP WI' SOME RICHT CHANCER.

NOW TAE SEE IF ONYBODY'S TA'EN THE BAIT AN' REPLIED.

WID YE LOOK AT HIM, MAGGIE? ERCHIE'S HIS NAME – AN' HE WANTS TAE MEET ME IN TWENTY MEENITS. AH'VE STRUCK LUCKY.

JINGS, YE'RE RICHT. HE'S NO' HALF BAD.

SO –

WISH ME LUCK, A'BODY. AH'M AFF TAE MEET MA INTERNET HUNK.

AH HOPE YE'RE NO' DISAPPOINTED, LASS.

DAPH'S AWFY EXCITED.

AN' AH HOPE HE'S NO' DISAPPOINTED EITHER.

ERCHIE? YE – YE DINNAE LOOK MUCH LIKE YER PHOTIE.

ER – THAT'S COS AH POSTED MA WEE BRITHER'S PICTER. AN' YOU'RE NO' WHIT AH EXPECTED EITHER, DAPHNE.

THAT'S BECAUSE SHE USED MY PHOTIE. AH'M HER SISTER AN' AH FOLLOWED TAE MAK' SURE SHE WIS OKAY.

DAPHNE'S MAIR THAN OKAY WI' ME. JIST MA TYPE.

AH'M DOUG, ERCHIE'S BRITHER. YE PROBABLY RECOGNISE ME FRAE MA PHOTIE.

IT'S GUID O' YE TAE TREAT ME TAE THIS SASSIDGE SUPPER, ERCHIE.

MA PLEASURE, DAPHNE. THIS IS MA FAVOURITE CAFE.

YE KEN, AH THINK THERE'S SOMETHIN' TAE BE SAID FOR INTERNET DATIN' AFTER A'.

OOTSIDE THE WEATHER'S TEEMIN' DOON,
AN' THAT SPELLS GLOOM FOR EVERY BROON.

AROOND THE HOOSE THE FAMILY'S CREEPIN'
BUT STILL THE BAIRN IS NO' QUITE SLEEPIN'.

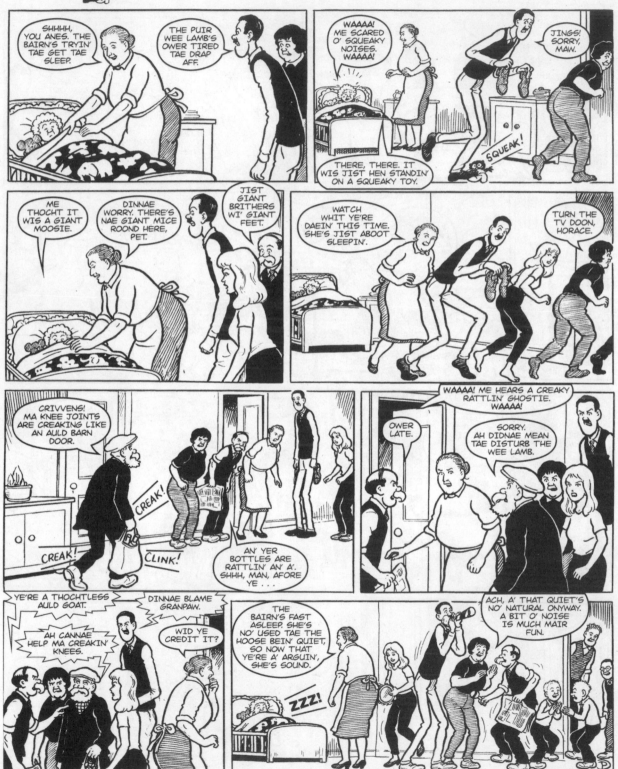

THIS SPECIAL COMBINATION DINNER, IS SURE TAE BE A PERFECT WINNER.

LOOK AT THE DATE. IT'S NEAR TWA MONTHS SINCE CHRISTMAS.

AYE, AN' BURNS NICHT WIS ABOOT A MONTH AGO. TIME DOESNAE HALF FLY.

WHAUR ARE THE LASSIES? THEY SHOULD HAE BEEN HAME AFORE NOW.

HERE WE ARE, AN' WE'VE A WEE TREAT FOR YE.

IT'S A BRAW SLAP-UP MEAL. WE'VE GOT HAGGIS FOR STARTERS AN' TURKEY FOR THE MAIN COURSE.

BRAW! CHRISTMAS AN' BURNS ROLLED INTAE ONE.

AND –

THAT'S THE DENNER COOKIN'. WE'RE GOIN' OWER TAE SEE AULD AGGIE GOW, SO YOU LOT KEEP AN EYE ON THINGS 'TIL WE GET BACK.

AYE – AN' MIND AN' TAK' THE TURKEY OOT AT HALF PAST FIVE. DINNAE LET IT BURN.

HALF FIVE? WE'VE PLENTY O' TIME TAE HAE A WEE SESSION AT THE PUB AFORE THEN.

AYE. THAT'LL HELP US WORK UP A RARE APPETITE.

FOWER PINTS, WULLIE - BUT NAE CRISPS. WE'VE A BRAW MEAL WAITIN' FOR US.

MEANWHILE –

WE'RE HAEIN' A CHRISTMAS DENNER AN' BURNS SUPPER COMBINED THE NICHT, AGGIE. IT'S A SHAME TAE HAE A' THAT GUID FOOD JIST ONCE A YEAR.

THAT SOUNDS BRAW, MISSUS BROON.

BUT –

CRIVVENS! AH CANNAE BELIEVE IT'S ONLY TEN PAST THREE. IT SEEMS LIKE WE'VE BEEN HERE FOR AGES.

YE HAVE. THAT CLOCK'S STOPPED. IT'S NEAR HALF PAST SIX.

AND –

MICHTY! THE DENNER'S RUINED.

AYE – IT'S A BURNT SUPPER. THE TURKEY'S RUINED AND THE HAGGIS IS BILED DRY.

AN' THERE'S HARDLY A SCRAP ELSE TAE EAT.

ANITHER OATCAKE, MAW?

ONYBODY FOR MAIR TOAST?

AH SHOULD'VE KENT BETTER THAN TAE LEAVE YOU LOT IN CHARGE, USELESS SCUNNERS.

ME DOESNAE LIKE BURNT SUPPER. ME WANTS A FISH SUPPER.

ROUNDABOUTS AN' CHUTES AN' SWINGS,
ARE SOME O' GRANPAW'S FAVOURITE THINGS.

THERE'S A SHOW-DOON AT HIGH NOON, WHEN SHERIFF MAW RIDES INTAE TOON.

AT THE BUT AN' BEN –

IT'S NO' LIKE YOU TWA TAE TAK' THE BAIRN OOT WI'OOT BEIN' ASKED. IS THE PUB SHUT OR SOMETHIN'?

THAT'S NO' FAIR, MAW. WE'RE TREATIN' THE WEE LAMB TAE SOMETHIN' SPECIAL.

ME'S GOIN' TAE THE GEE-GEES.

THE BAIRN'S AYE WANTED TAE GO PONY TREKKIN'. MAYBE WE SHOULD A' HAE GONE.

WHY DAE WE NO'? IT'S NO' OWER LATE.

THEY'LL HAE HEADED TAE TAM'S STABLES.

SO –

PAW AN' GRANPAW? AN' THE BAIRN? SORRY, MISSUS BROON. AH'VE NO' SEEN THEM THE DAY.

THEY MUST HAE HIRED PONIES SOMEWHERE ELSE.

BUT WE MICHT AS WEEL HAE A GO WHILE WE'RE HERE.

DINNAE SAY ONYTHIN' – OR ELSE.

HAE THEY NO' GOT ONY PONIES WI' LONGER LEGS?

THIS ANE'S GOT BONNIE BLONDE HAIR.

THAT'S JIST WHIT AH WIS THINKIN'.

LET'S HAE A CANTER DOON TAE AUCHENTOGLE. THERE'S A CARNIVAL ON THERE THE DAY.

AYE – AN' MEBBE WE'LL BUMP INTAE THAE TWA AULD COWBOYS AN' THE BAIRN.

AH MICHT HAE KENT. IT'S THE GEE-GEES, RICHT ENOUGH. YE'VE BEEN AT THE BOOKIES, YE AULD ROGUES.

LOOKS LIKE THE SHERIFF AN' HER DEPUTIES HAE CAUGHT US RED-HANDED, SON.

BOOKMAKER J. MAC

ME'S BEEN WATCHIN' HORSIES ON THE TELLY.

AN' OOR HORSE CAME IN AT FIFTY TAE ONE. WE WON A PACKET.

GUID. NOW WE CAN A' HAE A BRAW DAY AT THE CARNIVAL.

WHIT?

HOW D'YE LIKE THAE HORSES, LADS?

AH PREFER MA CUDDIES ON THE BIG SCREEN AT THE BOOKIES – AT ONY PRICE.

GEE UP, HORSIE.

A BIRTHDAY TREAT WI' SPECIAL FLAVOUR,
IS ONE THAT GRANPAW WANTS TAE SAVOUR.

THO' CHARITY BEGINS AT HAME,
IT'S NO' QUITE PAW AND GRANPAW'S GAME.

WHIT'S GOIN' ON HERE? ARE YE A' AWA' TAE JOIN A CIRCUS?

WE'VE VOLUNTEERED TAE DAE A COMEDY NUMBER DOON AT THE COTTAGE HOSPITAL. A' THE MONEY GOES TAE CHARITY.

OCH, WE'RE OWER AULD FOR THAT SORT O' NONSENSE.

AYE. WE'RE AWA' FOR A WEE . . . WALK.

WILD GOATS.

HERE WE GO. LET'S VOLUNTEER FOR A RAID ON THE SINGLE MALTS.

VOLUNTEER ARMS

ONYWAY, AH GIED MONEY TAE COMIC RELIEF THE ITHER WEEK. HERE'S A FEW MAIR COPPERS TAE PROVE AH DAE MA BIT FOR CHARITY.

NAE FOREIGN COINS THIS TIME, BROON.

AFTER A DRAM OR TWA –

MEBBE WE SHOULD GIE THE FEMILY MORAL SUPPORT.

AYE. WE COULD EVEN JOIN IN AN' TELL A COUPLE O' JOKES OR GIE A SONG OR TWA.

TAXI! TAXI!

CHEERIO, TAM. WE'RE AFF TAE THE COTTAGE HOSPITAL TAE . . .

CRIVVENS!

SORRY, BROON. AH FORGOT TAE SAY THAT THERE WIS A NEW HINGE ON THE DOOR.

JINGS, LADDIE. WHIT A MESS.

JIST AS WEEL YE'RE AFF TAE THE HOSPITAL. YE CAN GET THAT JEELY NOSE SEEN TAE WHILE YE'RE THERE.

SO YE CAME EFTER A'? BUT DID YE NO' KEN . . .

. . . RED NOSE DAY WIS ABOOT TWA WEEKS AGO. YE'RE NO' JIST AULD, YE'RE OOT O' DATE. HA! HA!

HIS BIG LONG LEGS MEAN RECORD PACE,
SO HEN'S A CERT TO WIN THE RACE.

THEY'RE AT THE BUT AN' BEN.

MAN, YE'RE IN GREAT SHAPE FOR THE AUCHENTOGLE MARATHON, HEN.

GREAT SHAPE? AWA'. AH'VE SEEN BETTER SHAPE ON A FRENCH BEAN.

AYE, BUT WI' HIS LONG LEGS HEN TAK'S HALF THE STRIDES THE ITHER FOWK TAK'.

AN' THERE'LL BE NAE IRN BRU ON THE START LINE. WE DINNAE WANT A DISASTER LIKE LAST YEAR.

YE WERE MILES AHEID - AN' THEN YE HAD TAE DAE A PAULA RADCLIFFE.

IT WIS JIST A CA' O' NATURE.

NAE COMFORT BREAK OR CA' O' NATURE THE DAY. WE'VE PIT TWENTY QUID ON YE TAE WIN.

JINGS! LOOK AT THE LENGTH O' THAE LEGS. WE'VE NAE CHANCE.

RACE FAVOURITE HENRY BROON IS ALREADY LEAVING THE FIELD STANDING.

YER MONEY'S AS GUID AS IN THE BANK, PAW. LET'S HAE A BITE O' LUNCH, THEN HEAD OWER TAE THE FINISH LINE.

SO –

AN' HERE HE COMES. OOR HEN'S ABOOT TAE LAY THE GOLDEN EGG. FIFTY SMACKERS IN THE INGIN BAG.

IT-IT'S NO' HEN. IT'S A WUMMAN! THERE'S NAE SICHT O' HIM.

WHIT ON EARTH . . . ?

HALF-AN-HOUR LATER –

FINISH

DINNAE TELL ME. IT WIS ANITHER CA' O' NATURE?

AYE - BUT IT'S NO' WHIT YE THINK.

"IT WIS THE CA' O' NATURE THAT MAK'S LADS FANCY LASSIES. BUT . . ."

D'YE MIND IF AH CHUM YE TAE THE FINISH, GORGEOUS?

CRASH!

. . . AH WIS THAT BUSY LOOKIN' AT HER, AH FORGOT TAE WATCH WHAUR AH WIS GOIN'.

AYE, LOVE IS BLIND, RICHT ENOUGH. AH COULDNAE SEE A THING FOR ABOOT TWENTY MEENITS.

WI' RIBBONS, BOWS AND FANCY FLOWERS,
THIS HAT WILL TAK' THE LASSIES HOURS.

HEN'S AYE THE FIRST TAE MAK' A FUSS, OWER LACK O' LEG ROOM ON THE BUS.

THEY'RE CAUGHT IN TRAFFIC, NOSE TO TAIL.
IT'S GOIN' SLOWER THAN A SNAIL.

WI' SOARIN' COSTS, IT'S NAE SURPRISE,
THAT PAW'S OOT TAE ECONOMISE.

HORACE BROON'S THE VERY KIND, TAE SWEEP THE FLOOR AT MASTERMIND.

A WINDAE BROKEN WI' A BAW, MEANS A RUN IN WI' THE LAW.

BAITH PAW AN' GRANPAW FILL THE AIR,
WI' UTTERANCES O' DESPAIR.

WHEN FAMILIES PLAN ON GOIN' OOT,
THEY NEED TAE FIND A PLACE TAE SUIT.

YE'LL UNDERSTAND HOW JOE MUST FEEL,
WHEN DAPHNE GETS AHIND THE WHEEL.

THE FAMILY'S HAEIN' LOTS O' FUN, PAINT STRIPPIN', WI' A HOT AIR GUN.

HANDSOME HUNKS LIKE HEN AND JOE,
BAITH KEN JIST WHAUR THEY WANT TAE GO.

A TRIP TAE BUY 'THE SUNDAY POST',
IS TROUBLE-FREE – AT LEAST FOR MOST.

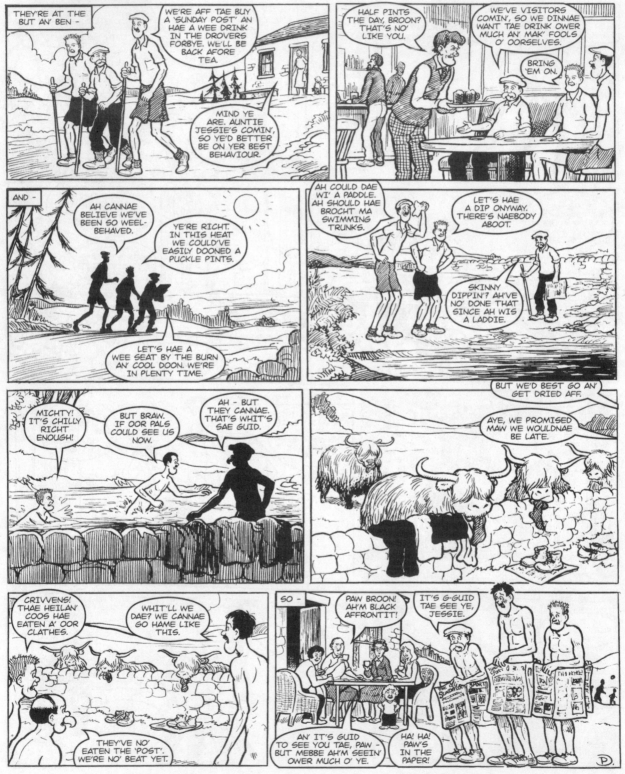

THERE'S NAE POINT GETTING STRESSED OR TENSE, WHEN NAEBODY IS MAKIN' SENSE.

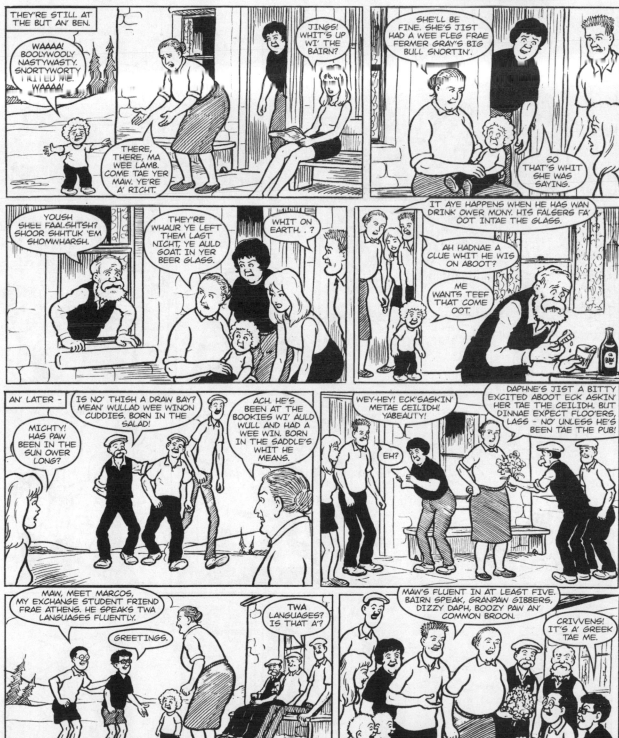

WHEN GRANPAW FLITS BACK TAE HIS HOOSE,
TAE TEND THE FLOO'ERS IS HIS EXCUSE.

AH'M GIEN UP THE FLAT DOONSTAIRS AN' MOVIN' BACK TAE MA WEE HOOSE. THE FOWK THAT WERE RENTIN' IT HAE MOVED OOT, AN' AH WANT TAE START WORKIN' ON MA GAIRDEN AGAIN.

D'YE NO' LIKE LIVIN' BESIDE US, GRANPAW? WHIT HAE WE DONE TAE OFFEND YE?

HOW WILL YE MANAGE ON YER AIN?

NEXT DAY —

WE'LL MISS YE, GRANPAW.

PHONE IF YE NEED ONYTHIN'.

WE'LL BE WORRIED ABOOT YE.

OCH, DINNAE BE DAFT. AH'M ONLY GOIN' DOON THE ROAD, NO' TAE TIMBUCTOO. YE CAN WALK OWER IN FIVE MEENITS.

MA BONNIE GAIRDEN. MAN, IT'S BRAW TAE BE HAME. ANNIE! ANNIE! ARE YE THERE?

AH'M HAME, LASS. ARE YE READY FOR ME?

TEN MEENITS LATER —

WE SHOULDNAE HAE LET THE AULD SOWEL FLIT ON HIS AIN. AH HOPE HE'S OKAY.

SEND THE BAIRN IN FIRST. HE'S AYE PLEASED TAE SEE HER.

BUT —

GRANPAW MUST BE AWFY TIRED. HE'S WI' ANNIE LENNOX AN' ME HEARD THEM SAY THEY'RE AWA' TAE BED.

BED? THE AULD CHANCER.

WHIT? SO THAT'S WHY HE WANTED TAE COME HAME. HE'S OBVIOUSLY MANAGIN' FINE.

OH, THE SHAME O' IT – AN' AT HIS AGE, TAE.

PIT THAT WUMMAN DOON THIS MEENIT, YE AULD DEIL.

WE KEN ANNIE'S IN THERE WI' YE. THE GEMME'S UP.

YE'RE FAR OWER AULD TAE... JINGS!

OWER AULD TAE DAE WHIT? ANNIE'S BEEN LOOKIN' EFTER MA BEDDIN' PLANTS AN' NOW SHE'S HELPIN' ME WI' THE BEDDIN' OOT.

I JIST POPPED OWER THE FENCE TAE GIE A HAUND AS NEEBORS DO, MISSUS BROON.

G-GUID TAE SEE YE AGAIN, ANNIE.

THAT TELT THEM! BUT MEBBE WE COULD GIE THEM SOMETHIN' TAE TALK ABOOT, ANNIE. ARE YE NO' LONELY A' BY YERSEL'?

GRANPAW BROON. YE'RE A ROMANTIC AULD ROGUE.

MAW DEARLY WANTS A CHANGE O' VIEW,
A HOLIDAY TAE PASTURES NEW.

THOUGH GRANPAW'S UP AFORE THE SUN,
IT SEEMS HE'S NO' THE ONLY ONE.

IT'S ABOOT THON TIME, SO I'LL AWA' ROOND AN' SEE HOW GRANPAW'S SETTLING IN, BACK AT HIS HOOSE.

AH'LL COME WI' YE, PAW.

OCH, WE CAN A' GO. JIST TAE SEE HOW HE'S DAEIN'.

NAE REPLY? AH'LL BET HE'S AT THE PUB.

OR AWA' FOR A WALK WI' ANNIE LENNOX.

IT'S NO' LIKE HIM TAE BE OOT AT THIS TIME O' NICHT THOUGH.

I WIDNAE BE SURPRISED IF THE AULD ROGUE'S IN, AN' JIST NO' ANSWERIN' THE DOOR.

YE'RE SPOT ON THERE, MA SON. AN' YE KEN FINE WHY AN' A', YE YOUNG RASCAL.

AH'LL SET MA ALARM FOR FOWER O'CLOCK. THAT SHOULD BE ABOOT RICHT.

AH'LL NEED TAE GET UP AFORE DAYLICHT SETS IN.

SO, AWFY EARLY NEXT MORNIN' —

AT THIS RATE AH'LL BE FEENISHED AFORE THE SUN'S UP. AYE, AH MICHT BE AULD, BUT AH'VE NO' HAD MA CHIPS YET — AN' NEITHER'S ONYBODY ELSE, EITHER. HA! HA!

AN' WHIT D'YE THINK YE'RE DAEIN' OOT HERE AT THIS TIME O' THE MORNIN', AULD MAN?

AH COULD ASK YOU THE SAME QUESTION, LADDIE. AH'M DIGGIN' UP MA EARLY TATTIES, OF COORSE.

JIST AS AH THOCHT. WELL, YE CAN SHARE THEM OOT. YE KEN HOW AH A' LOVE NEW TATTIES.

THAT AH DO — AN' YOU KEN THAT I DINNAE LIKE SHARING THEM. YE SHOULD GROW YER AIN IF YE LIKE THEM THAT MUCH.

AYE, THE EARLY BIRD CATCHES THE WORM — AND THE EARLY TATTIES.

PASS THE BUTTER, DAPHNE.

CRIVVENS! IT'S LIKE BEIN' BACK IN THE WAR. AH NEED BARBED WIRE TAE KEEP OOT THE NICHT RAIDERS, COS THEY'RE NO' GETTIN' AT MA CABBAGES!

HE'S GAIRDENIN', BUT VERY SOON,
IT'S OWER HOT FOR GRANPAW BROON.

IT'S FAMILY SQUABBLIN' AT IT'S WORST,
TAE SEE WHA GETS THE BATHROOM FIRST.

A BETTER LOOKIN' WINDAE BLIND,
FOR GRANPAW, WID BE HARD TAE FIND.

THERE'S FAR OWER MUCH CLUTTER AN' RUBBISH IN MA GAIRDEN SHED. I NEED TAE CLEAR SOME SPACE.

THAT'S A BITTY BETTER. AH'LL BE ABLE TAE HIRE IT OOT AS A DANCE HALL AT THIS RATE.

NOW FOR A TOUCH O' DECORATIN'. AH BOCHT THIS PAPER IN Q 'N' R'S SALE. THEY HAE SPECIAL RATES FOR PENSIONERS.

I CANNAE UNDERSTAND WHY IT WIS SAE CHEAP. IT'S THE VERY DAB FOR A GAIRDEN SHED.

AN' AH GOT THON PETER DAVIDSON LAD TAE DRAW ME AN' ANNIE ON THE BLIND.

EVEN ON THE WRANG SIDE WE MAK' A FINE LOOKIN' COUPLE - THOUGH AH SAY IT MASEL'.

IN YE COME, LADS. A'THIN'S SET UP AN' READY.

LATER -

IS THAT NO' BRAW? GRANPAW AN' ANNIE ARE BUSY IN THE SHED. THEY'LL BE SORTIN' BULBS OR SOMETHIN'.

AYE. SHE FAIR KEEPS HIM OOT O' MISCHIEF. WE'LL NO' DISTURB THEM THE DAY.

GLED YE GOT RID O' A' THAT GAIRDENIN' CLUTTER, BROON. AN' I LOVE YER BLIND.

AYE, NAE CHANCE O' THE FEMILY DISTURBIN' OOR WEE 'GAIRDENIN' CLUB' FRIDAY SWALLY NOW. AH'M CHAPPIN' BY THE WAY.

YE'RE A FLY AULD ROGUE.

PUIR DAPHNE'S FEELIN' AWFY LOW,
NAE LAD, NAE CASH, NAEWHERE TAE GO.

I'M RICHT FED UP. NAE MONEY, NAE SWEETIES AN' NAE LAD. WHIT I NEED IS A WEE BIT PAMPERIN' AT ANE O' THAE HEALTH FERMS.

CHEER UP, DAPHNE. MA PAL NIGEL'S WIFE RUNS A HEALTH FERM. AH'LL SEE ABOOT GETTIN' YE FITTED IN.

ME'S GOT NAE SWEETIES EITHER.

SO –

SORTED! NIGEL'S WIFE'LL BE AWFY PLEASED TAE HAE YE FOR THE WEEKEND. HE TELLS ME THEY HAE A BIG LUXURY BATH AN' A' THAT.

YE MEAN IT? OCH, I'LL BE A NEW WUMMAN EFTER A' THAT.

ME'S NO' WANTIN' A NEW DAPH.

IT'S A DREAM COME TRUE. MASSAGES, MANICURES, FACIALS…

GET YER SKATES ON. NIGEL'S PICKIN' YE UP IN ABOOT HALF AN HOUR. AN' NAE FILLIN' YER CASE WI' CHOCOLATE, MIND.

THAT'S HIM NOW. DINNAE KEEP HIM WAITIN'.

AH'M THAT EXCITED.

BEST O' LUCK, LASS.

THIS IS AWFY GUID O' YOU AN' YER WIFE, NIGEL.

NOT AT ALL, DAPHNE. FLO'S HAPPY TAE HAE YE.

YE'LL BE DAPHNE. WELCOME TAE DUNG DALE, LASS. AH'M RICHT PLEASED YE WANTED TAE COME HERE TAE HELP OOT. GRAB A SHOVEL.

SHOVEL? BUT – BUT I THOCHT IT WIS A HEALTH FERM…

IT'S HEALTHY, RICHT ENOUGH. A'THIN'S ORGANIC AN' NATURALLY PRODUCED – INCLUDIN' THIS STUFF FRAE THE HORSES AN' COOS.

AYE. IT'S BRAW FOR THE CROPS.

HOURS LATER –

AN' THIS'LL BE THE BIG LUXURY BATH I WAS TELT ABOOT. WAIT 'TIL I GET MA HAUNDS ON THAT JOE BROON! AH'LL GIE HIM HEALTHY!

PUIR DAPH'S THE PICTURE O' DEJECTION,
COS O' A FLAW IN HER COMPLEXION.

AH'LL NEVER GET A LAD WI' THIS HUGE SPOT ON MA NOSE.

YE'RE WORRYIN' ABOOT NUTHIN', DAPHNE. YE'RE LOOKIN' BONNIE.

MAGGIE'S RICHT. YE CAN HARDLY SEE IT, ONYWAY.

CRIVVENS! WID YE LOOK AT DAPH'S PLOOK? IT'S THE SIZE O' BEN NEVIS.

DINNAE LISTEN TAE THEM. THEY'RE PULLIN' YER LEG.

NO THEY'RE NO' - AN' IT'S GETTIN' BIGGER.

HAE A LOOK AT THIS. IT'S MA MITHER'S BOOK O' REMEDIES. IT CURES A' SORTS O' THINGS.

THE VERY DAB, MAW.

I'VE FOUND A REMEDY THAT'LL HELP. MIX OATMEAL WI' SOME CUCUMBER JUICE AN' A TEASPOONFU' O' HONEY.

WHIT ARE YE DAEIN'? IT'S MY PLOOK AH'M WORRIED ABOOT, NO' MY DIET.

IT'S NO' FOR EATIN'. IT'S A FACE PACK. YE JIST SPREAD IT ON AN' WAIT FOR TWENTY MEENITS.

AN' SLICES O' CUCUMBER ON YER EYES.

PUIR DAPH.

HERE'S YER BOOK, MAW. WE'VE USED THE OATMEAL REMEDY. IT TAK'S ABOOT TWENTY MEENITS TAE WORK.

CRIVVENS! IT'S THE CREATURE FRAE THE GLEBE STREET LAGOON.

A PORRIDGE MONSTER!

HA! HA! YE DINNAE NEED TAE WAIT, DAPHNE. IT'S WORKED A'READY. WE CANNAE SEE THE SPOT ONY MAIR.

YE WHIT?

OH-OH! TROUBLE'S BREWIN'.

NEVER MIND, PAW. THERE'S A BRAW REMEDY ON PAGE THIRTY-FOWER. 'FOR BLACK EYES, COVER THE AFFECTED AREA WI' RED MEAT. GENTLY RUB ON SOME...'

HA! HA! THAT'S ONE IN THE EYE FOR YOU - YE DAFT GOWK.

THON WINDMILL'S FAIRLY BIRLIN' ROOND, BUT WILL PAW'S SCHEME GET AFF THE GROOND?

SOME CHIPS ARE NEEDED IN A HURRY, SO GRANPAW PRETENDS HE'S ANDY MURRAY!

DARK AUTUMN NICHTS AN' LACK O' SLEEP,
ARE LIKE TAE MAK' THE FAMILY WEEP.

THE NICHTS HAE FAIR DRAWN IN.

AYE, THE CLOCKS'LL BE GOIN' BACK IN ABOOT A MONTH. CAN YE BELIEVE IT?

I HATE THIS TIME O' YEAR. A' I DAE IS SIT ABOOT, AN' THEN I CANNAE GET TAE SLEEP FOR FIDGETTIN'.

ME, TAE.

HERE. THIS'LL GET YE AFF TAE SLEEP. HOT MILK WI' A SPOON O' HONEY FRAE THE BUT AN' BEN.

BRAW. I'VE NO' HAD A DECENT NICHT FOR WEEKS.

MAN, THIS IS TASTY. AH DINNAE FEEL SLEEPY, THOUGH.

ME NEITHER.

GIE IT A CHANCE. IT'S NO' MAGIC.

STILL NUTHIN'. AH'M AS FIDGETTY AS EVER.

A WEE DRAM OR TWA WID HAE BEEN BETTER.

TRUST YOU TAE THINK O' THAT. ONY EXCUSE FOR A SWALLY.

LET'S SEE WHIT'S ON THE ITHER CHANNEL. A' THON SHOUTIN' AN' GREETIN'S GETTIN' ME DOON.

MEBBE THERE'S A NICE SCOTTISH SHOW LIKE...

FITBA'. BRILLIANT. KEEP THAT ON, MAGGIE.

MICHTY! FITBA' PITS ME AN' MAW TAE SLEEP - BUT YOU LOT ARGUIN' AYE WAKES US UP AGAIN.

HI, A'BODY! AH GOT A' MA BRAW HOLIDAY PHOTIES FRAE THE COSTA BRAVADO PRINTED OOT.

WHA WANTS TAE SEE THEM FIRST?

ACH, BE LIKE THAT! I'M AWA' TAE MA BED. CHEEKY BUNCH O'...

WHEN PACKIN', YE SHOULD MAK' A LIST,
TAE SHOW YE ONYTHING YE'VE MISSED.

WHEN TRAVELLIN' ROON THE EAST FIFE COAST, THE BROONS KEN WHIT THEY LIKE THE MOST.

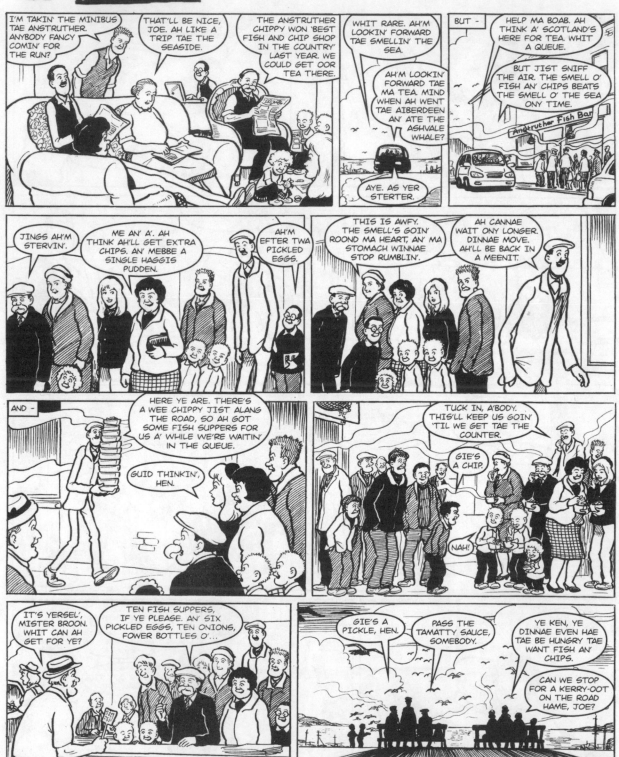

FOR JOE A DRAM'S THE THING TAE SUP, TAE GIE HIMSEL' A PICK-ME-UP.

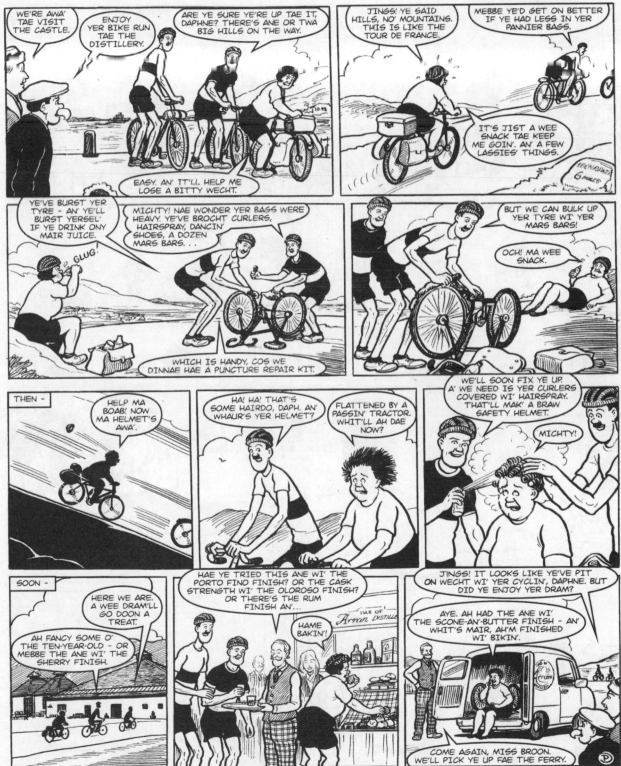

THO' GRANPAW BROON'S AN AWFY LAD, HIS STORY TELLIN'S NO' HALF BAD.

SHOPPIN' TRIPS FILL PAW WI' DREAD,
HE'D RATHER WATCH THE MATCH INSTEAD.

FOR PERFECT SOUP CHOP HEN AN' MAW,
THE LASSIES, JOE, THE BAIRN AN' MAW.

PAW'S AYE THE FIRST TAE GIRN AN' GROUSE,
WHEN WORKMEN DRILL OOTSIDE HIS HOOSE.

A FAMILY TRIP TAE STIRLING CASTLE, SHOULDNAE CAUSE OWER MUCKLE HASSLE.

THE FESTIVE SEASON'S FU' O' CHEER,
BUT GUARANTEED TAE COST FOWK DEAR.

THE FAMILY'S FAR FRAE HAPPY WHEN,
IT'S RAININ' IN THE BUT AN' BEN.

AT THE BUT AN' BEN —

YE'LL HAE TAE DAE SOMETHIN' ABOOT THE ROOF. IT'S LETTIN' IN SOMETHIN' AWFY.

OCH, IT'S NO' BAD.

ME'S GETTIN' WET.

THERE'S JIST A PUCKLE SLATES MISSIN'. HARDLY WORTH BOTHERIN' ABOOT.

WHIT? THAT ROOF'S GOT MAIR HOLES THAN YER STRING VEST.

I WOULDNAE WALK ON THAT AULD ROOF IF I WIS YOU, PAW.

STOP FUSSIN'. THIS ROOF WIS BUILT TAE LAST A LIFE...

SORRY, WHIT WIS THAT YE WERE SAY-IN'?

SO —

DINNAE WORRY, MISTER BROON. WE'LL MAK' A RICHT JOB O' IT AN' PIT IT BACK TAE ITS ORIGINAL STYLE.

AYE, TAM. WE SHOULD HAE THOCHT O' THIS YEARS AGO.

OH, IT'S AWFY BONNIE - JIST LIKE IT WAS ON OOR HONEYMOON.

'FAR AWA' IN THE HIELANDS, THERE STANDS A WEE HOOSE...'

AE MINUTE IT'S RAININ', NEXT THE SUN'S OOT! FAIR SWEATIN' NOW...

IT'S A PITY WE HADNAE A BIT MAIR THATCH UP TOP OORSEL'S, EH?

THERE YE ARE. THATCHED TAE MATCH.

JINGS! THEY'RE LIKE THON HAIRY BIKERS - WI'OOT THE BIKES. THAT MUST BE WHA YE TAK' YER BLONDE HAIR AFF, MAGGIE.

THAE TWA HAVE HAD A FEW SLATES MISSIN' FOR YEARS!

THIS COULD BE DAPHNE'S BIG CHANCE, TAE FIND HERSEL' A NEW ROMANCE.

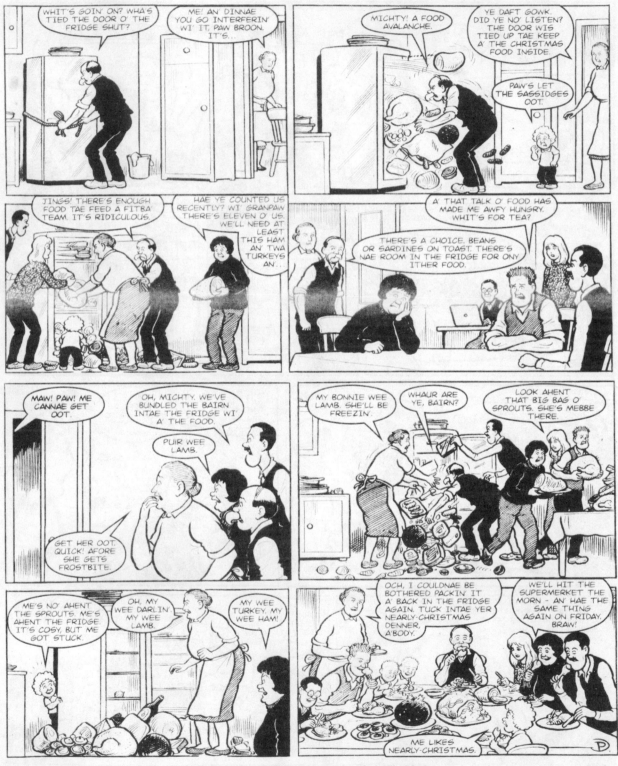

THE FRIDGE IS PACKED WI' CHRISTMAS FOOD,
PLUMP TURKEY, PIES AN' LOTS O' PUD.

Published by D.C. Thomson Annuals Ltd in 2013
D.C. Thomson Annuals Ltd, 185 Fleet Street, London, EC4A 2HS